コロロ
メソッド
で学ぶ

ことばの発達 ワークシート ③

気持ちのことばと行動 編

コロロ発達療育センター〔編〕

合同出版

ワークシートの使い方

　このワークブック（シリーズ全3巻）は、コロロ発達療育センターが発達障害や自閉スペクトラム症の子どものために考案した【コロロメソッドの概念学習プログラム（新発語プログラム）】に基づいて作成されたものです。第3巻では、「気持ちを言語化する力」を身につけ、他者の気持ちを理解することにつなげていきます。

　大人が付き添い、子どもの発達段階に応じて、解答に導くためのヒントやアドバイスを与えながら取り組んでください。ごく身近な題材が教材になっています。日常の体験を共有しながら、一つひとつのワークに取り組んでください。

●こんな子ども・大人に適しています

・1〜2行の文の読み書きができる。

・形容詞や副詞の言葉を使って文を作ることができる。

・5W1Hの質問に答えることができる。

　この3つの学習ができていれば、小学校低学年から大人の方まで広くお使いいただけます。

●指導のポイント

Point 1　わかる項目からはじめ、スモールステップで理解を広げる

・本人がわかりやすいと思われる項目から、はじめてください。

・子どもの能力に応じて、達成基準を明確に定めましょう。【基本編】でいったん終了してもかまいません。

・その時、その場の子どもの感覚や感情を読み取り、その状況に応じたことばで働きかけてください。

・つまずいた場合は、答えを教えてクリアするのではなく、少し前のできる段階にもどって理解させてからつぎに進みましょう。

・質問のしかたが少しでもちがうと、答えられなくなることがよくあります。質問の内容が変わっても答えられるように、子どもの状況に応じて問題をアレンジしてください。こうした工夫がとても重要です。

・子どもがワークの内容を理解しているかどうかを確かめながら、指導してください。イメージできないような課題は先送りして、半年〜1年後、もう少し理解が進んだ頃に再度取り組んでみてください。

・ワーク学習で答えられるだけではなく、実際の場面でも応用できるように指導してください。実際の行動と言語が結びつくことで、能力が育っていきます。

Point 2 解答は1つではない

・解答は、子どもの発達段階によって異なります。現在の子どもの能力に合わせた解答に導いてください。なるべく具体的な、イメージしやすいことばで、解答を示してください。基本的な答え方がわかるようになったら、より詳しく説明できるように指導しましょう。

Point 3 子どもの年齢や理解度に合わせて、課題をアレンジする

・出題をもとに、子どもの状況に合わせてシーンや問いかけを自由にアレンジしてください。

●第3巻の構成と使い方

　気持ちや感情は、形がなく捉えにくいため理解が難しい学習の一つです。「たのしい」「こわい」ということば自体は知っていても、正しく理解できていないことは多いものです。まずは子どもがわかりやすい「気持ちのことば」を選び、どんな行動とその気持ちが関連しているのかを、スモールステップを踏みながら学んでいきます。

基本編 （8〜19ページ）

　比較的身近な気持ちのことばについて学びます。

○こんなときの気持ち

　子どもにとって身近でよく使われている気持ちのことばについて、どんな行動のときにどの気持ちになるかを覚えていきます。意味が似ていることばも出てきますので、一つひとつていねいに教えていきましょう。

○表情と気持ち

　人の表情を読み取ることが苦手な子どもは少なくありません。絵を使って、表情と気持ちを一致させていきます。

○場面と気持ち

絵から状況を読み取り、それぞれどんな気持ちかを答えます。

○すき・きらい

この問題は一人ひとり回答が異なりますので、子どものことをよくわかっている大人が一緒に取り組んで教えていきましょう。まだ好みがはっきりわからないようなら、とばして構いません。

中級編 （20 ～ 67 ページ）

自分と他者の行動と気持ちについて理解を深めます。

○こんなときの気持ち

さらに気持ちのことばの種類が増えていきます。【行動】→【気持ち】という関係性に気づかせていきましょう。問題文は子どもの年齢や理解度に合わせ、よりイメージしやすい文に適宜変更してください。

○絵を見てセリフや気持ちを考える／絵を見て状況や気持ちを読み取る

２コマの絵を見てセリフを考えたり状況を説明したりしながら、登場人物の気持ちについて考えます。

○他の人の行動と自分の気持ち／自分の行動と他の人の気持ち

他者がとった行動に対して自分がどんな気持ちになるか、また、自分がとった行動に対して他者がどんな気持ちになるかを学びます。

○自分と他の人の気持ちの違い

自分と他者の気持ちは異なる（同じ気持ちになることもあるが、それぞれ違う感情を持っている）ことを学びます。これは発達障害の特性をもつ人が特にわかりづらいものです。ていねいに進めていきましょう。

○気持ちと行動の区別

「おなかがすいたけれど、まだごはんができていないから待つ」など、気持ちに

反して行動すべきことも多く存在します。気持ちだけでなくそのときの状況に合わせて適切な行動を選択することを学びます。

○三者の気持ち

その場にいるさまざまな人の気持ちを理解することを学びます。

発展編 （68 〜 79 ページ）

気持ちのことばを実生活で活用できるように、さまざまな問題に取り組んでいきます。

○気持ちと行動

「たのしいこととはどんなことか」など、さまざまな気持ちを引き起こす行動や場面について考えます。

○家族やまわりの人の気持ち

自分の家族や学校の先生、友だちなど身近な人たちが、どんなときにどんな気持ちになるかを具体的に考えていきます。

○相手にかけることば／気持ちのことばの言いかえ

他者とのよりよい関係性を築いていくために、相手がうれしいと感じることばや、相手を不快にさせないことばについて学びます。

○はずかしい／周りからの見え方／こまったときの気持ちと対処法／怒り・イライラのコントロール

社会での人との関わりのなかで求められるテーマを取り上げています。

総合問題 （80 〜 95 ページ）

絵を見て出題に答えながら、生活のなかで起こりうる問題への対処法や気持ちのコントロールについて学びます。また、絵を文章で表したり、登場人物の気持ちを考えたりすることによって、より理解を深めます。

もくじ

❤1 基本編

※こんなときは、どんな気持ちですか。

①プレゼントをもらう	（	うれしい	）

①プレゼントをもらう　　　　　　　（　　　うれしい　　　）

②大事なおもちゃがこわれた　　　　（　　　かなしい　　　）

③公園であそぶ　　　　　　　　　　（　　　たのしい　　　）

④まっくらな部屋に入る　　　　　　（　　　こわい　　　）

⑤すきなゲームであそぶ　　　　　　（　　　たのしい　　　）

⑥まめまきでおににおいかけられる　（　　　　　　　　　）

⑦テストで100点をとった　　　　　（　　　　　　　　　）

⑧おばけやしきに入る　　　　　　　（　　　　　　　　　）

⑨じゃんけんで勝った　　　　　　　（　　　　　　　　　）

⑩大きな地震が起きた　　　　　　　（　　　　　　　　　）

⑪大事な本をなくした　　　　　　　（　　　　　　　　　）

⑫手伝いをしてほめられた　　　　　（　　　　　　　　　）

⑬みんなでトランプをする　　　　　（　　　　　　　　　）

例　　　たのしい　　うれしい　　こわい　　かなしい

❉こんなときは、どんな気持ちですか。

①マラソンをする　　　　　　　　　　（　　　　　　　）

- -

②大きな犬に急にほえられる　　　　　（　　　　　　　）

- -

③きのうは夜おそくまで起きていた　　（　　　　　　　）

- -

④雨なので公園であそべない　　　　　（　　　　　　　）

- -

⑤うしろから急にかたをたたかれた　　（　　　　　　　）

- -

⑥今日は早く起きたので何度も
　あくびが出る　　　　　　　　　　（　　　　　　　）

- -

⑦がんばったけれど、リレーのせんしゅ
　になれなかった　　　　　　　　　（　　　　　　　）

- -

⑧水のなかでずっといきを止めている　（　　　　　　　）

- -

⑨だれもいないと思った部屋に人がいた（　　　　　　　）

- -

⑩カレーをおかわりしたかったけれど、
　のこっていなかった　　　　　　　（　　　　　　　）

例　　　ざんねんだ　　びっくり　　くるしい　　ねむい

※こんなときは、どんな気持ちですか。

①部屋のそうじをしたので
　ごみ１つ落ちていない　　　　　　　　（　　　　　　　　）

②みんなの前で転んでしまった　　　　　（　　　　　　　　）

③にらめっこで友だちが変な顔をした　　（　　　　　　　　）

④手がどろだらけだ　　　　　　　　　　（　　　　　　　　）

⑤遠足でたくさん歩いた　　　　　　　　（　　　　　　　　）

⑥顔にごはんつぶがついたまま
　出かけてしまった　　　　　　　　　　（　　　　　　　　）

⑦つくえの上がほこりだらけだ　　　　　（　　　　　　　　）

⑧いつもより多くサッカーの練習をした　（　　　　　　　　）

⑨公園は桜が満開だ　　　　　　　　　　（　　　　　　　　）

⑩テレビでお笑い番組を見る　　　　　　（　　　　　　　　）

例

はずかしい　　　つかれた　　　おもしろい
きもちいい　　　いやだ

基本2　表情と気持ち

❋絵を見て、どんな気持ちか答えましょう。

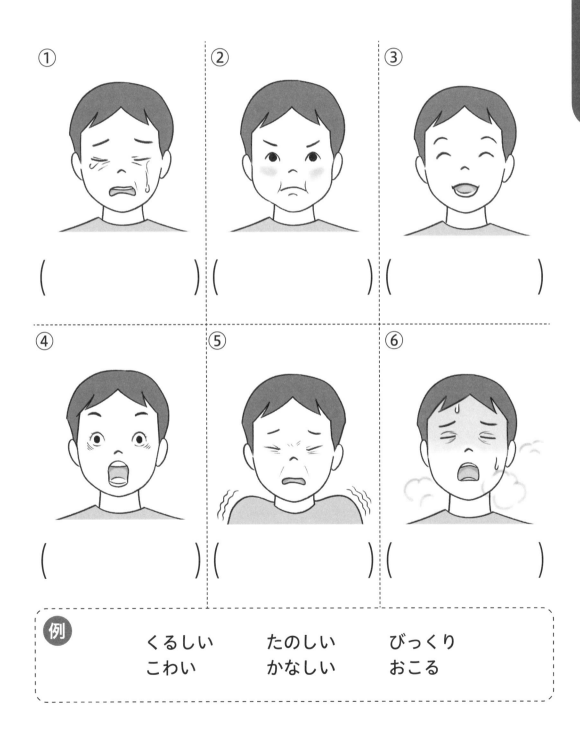

① （　　　　　　　　）② （　　　　　　　　）③ （　　　　　　　　）

④ （　　　　　　　　）⑤ （　　　　　　　　）⑥ （　　　　　　　　）

例

くるしい	たのしい	びっくり
こわい	かなしい	おこる

※絵を見て、どんな気持ちか答えましょう。

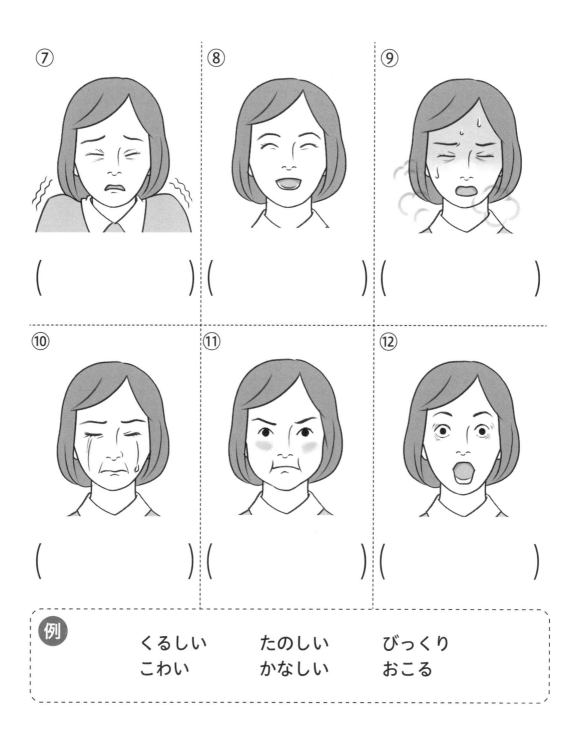

⑦ (　　　　　　　　)

⑧ (　　　　　　　　)

⑨ (　　　　　　　　)

⑩ (　　　　　　　　)

⑪ (　　　　　　　　)

⑫ (　　　　　　　　)

例
　くるしい　　　たのしい　　　びっくり
　こわい　　　　かなしい　　　おこる

基本3 場面と気持ち

※絵を見て、どんな気持ちか答えましょう。

①

（　　　　　　）

②

（　　　　　　）

③

（　　　　　　）

④

（　　　　　　）

例

うれしい　　かなしい　　こわい　　たのしい

※絵を見て、どんな気持ちか答えましょう。

⑤

（　　　　　　　　　）

⑥

（　　　　　　　　　）

⑦

（　　　　　　　　　）

⑧

（　　　　　　　　　）

例

たのしい　　こわい　　かなしい　　うれしい

⑨

(　　　　)

⑩

(　　　　)

⑪

(　　　　)

⑫

(　　　　)

例

うれしい　　かなしい　　こわい　　たのしい

❀絵を見て、どんな気持ちか答えましょう。

⑬（　　　　　）

⑭（　　　　　）

⑮（　　　　　）

⑯（　　　　　）

例

おもしろい　　びっくり　　ざんねんだ　　くるしい

⑰

(　　　　　)

⑱

(　　　　　)

⑲

(　　　　　)

⑳

(　　　　　)

例

おもしろい　　ざんねんだ　　くるしい　　びっくり

❀絵を見て、どんな気持ちか答えましょう。

㉑　（　　　　　　　）

㉒　（　　　　　　　）

㉓　（　　　　　　　）

㉔　（　　　　　　　）

例

　ざんねんだ　　おもしろい　　びっくり　　くるしい

基本4　すき・きらい

❋つぎのものを、2つずつ書きましょう。

①すきな食べもの

（　　　　　　　　　）

（　　　　　　　　　）

②きらいな食べもの

（　　　　　　　　　）

（　　　　　　　　　）

③すきなあそび

（　　　　　　　　　）

（　　　　　　　　　）

④きらいなあそび

（　　　　　　　　　）

（　　　　　　　　　）

⑤すきな生き物

（　　　　　　　　　）

（　　　　　　　　　）

⑥きらいな生き物

（　　　　　　　　　）

（　　　　　　　　　）

⑦すきな場所

（　　　　　　　　　）

（　　　　　　　　　）

⑧きらいな場所

（　　　　　　　　　）

（　　　　　　　　　）

⑨すきな歌

（　　　　　　　　　）

（　　　　　　　　　）

⑩すきな色

（　　　　　　　　　）

（　　　　　　　　　）

中級1　こんなときの気持ち

※こんなときは、どんな気持ちですか。

①家にいてもすることがない　　　　　　（　　　　　　　）

②ぼく（わたし）は走るのがおそいけれど、（　　　　　　　）
　兄は速い

③家のかぎをかけわすれたかもしれない　（　　　　　　　）

④トイレのあといつもシャツのすそが出　（　　　　　　　）
　ている

⑤弟が高い熱を出して、つらそうだ　　　（　　　　　　　）

⑥友だちの家にはたくさんゲームがある　（　　　　　　　）

⑦今日はあそぶ友だちがだれもいない　　（　　　　　　　）

⑧かみの毛がねぐせだらけだ　　　　　　（　　　　　　　）

⑨遠足の日の天気が雨かもしれない　　　（　　　　　　　）

⑩友だちはお父さんに、人気のおもちゃ　（　　　　　　　）
　を買ってもらったそうだ

例　つまらない　　うらやましい　　心配だ　　だらしない

✿こんなときは、どんな気持ちですか。

①今日のプリントはなかなか解けなかった　(　　　　)

②友だちがいつも勉強のじゃまをしてくる　(　　　　)

③お母さんが部屋のそうじを手伝ってくれた　(　　　　)

④電車がおくれていて、待ち合わせに間に合わないかもしれない　(　　　　)

⑤まだ習っていないことがテストに出た　(　　　　)

⑥友だちが消しゴムをかしてくれた　(　　　　)

⑦じょうずに発表できなかったことをからかわれた　(　　　　)

⑧重いつくえを一緒に運んでくれた　(　　　　)

⑨明日のテストがうまくいくか気になる　(　　　　)

⑩だれも正解したことがない問題にチャレンジする　(　　　　)

例　やさしい　いじわるだ　むずかしい　不安だ

✳ こんなときは、どんな気持ちですか。

① 給食がたくさん残っている　　　　　　　（　　　　　　　）

② 知らない町で道に迷ってしまった　　　　（　　　　　　　）

③ はじめて行く習い事に、仲のよい友だ
　ちも一緒に行く　　　　　　　　　　　　（　　　　　　　）

④ まだ使えるノートがすてられていた　　　（　　　　　　　）

⑤ リレーで、おしくも 2 位だった　　　　　（　　　　　　　）

⑥ 自転車に乗ろうと思ったら、タイヤが
　パンクしていた　　　　　　　　　　　　（　　　　　　　）

⑦ 新しいパソコンの使い方を、店員さん
　が詳しく教えてくれた　　　　　　　　　（　　　　　　　）

⑧ 買いたかったケーキが、少し前に売り
　切れてしまった　　　　　　　　　　　　（　　　　　　　）

⑨ 高いお金を払ってゲームを買ったけれ
　ど、ほとんど使っていない　　　　　　　（　　　　　　　）

⑩ 宿題で使うドリルを、学校にわすれてきた（　　　　　　　）

例　　　くやしい　　こまる　　安心だ　　もったいない

22

✻こんなときは、どんな気持ちですか。

①友だちとゲームをしている。

　だから、（　　　　　　　　　　　　　　　　　）

②おもちゃがこわれてしまった。

　だから、（　　　　　　　　　　　　　　　　　）

③かけっこで一番になった。

　だから、（　　　　　　　　　　　　　　　　　）

④くらい道を一人で歩いている。

　だから、（　　　　　　　　　　　　　　　　　）

⑤マラソンで1時間走っている。

　だから、（　　　　　　　　　　　　　　　　　）

⑥家族みんなでボウリングをしてあそんだ。

　だから、（　　　　　　　　　　　　　　　　　）

⑦妹が下校時間をすぎたのに、帰ってこない。

　だから、（　　　　　　　　　　　　　　　　　）

⑧友だちが遠くにひっこしてしまった。

　だから、（　　　　　　　　　　　　　　　　　）

| 例 | うれしい　　かなしい　　くるしい |
| | こわい　　　たのしい　　心配だ |

✳こんなときは、どんな気持ちですか。

⑨友だちはたんじょう日に人気のゲームを買ってもらった。

だから、（　　　　　　　　　　　　　　　　　　）

⑩雨なので友だちと外であそべない。

だから、（　　　　　　　　　　　　　　　　　　）

⑪好きなマンガを読んでいる。

だから、（　　　　　　　　　　　　　　　　　　）

⑫はじめて一人でおとまりをする。

だから、（　　　　　　　　　　　　　　　　　　）

⑬徒競走でみんなの前でころんだ。

だから、（　　　　　　　　　　　　　　　　　　）

⑭テレビでお笑い芸人が出ている番組を見た。

だから、（　　　　　　　　　　　　　　　　　　）

⑮一人でるすばんをしている。

だから、（　　　　　　　　　　　　　　　　　　）

⑯たのしみにしていたお祭りが雨で中止になった。

だから、（　　　　　　　　　　　　　　　　　　）

例	うらやましい　　　つまらない　　　不安だ
	ざんねんだ　　　おもしろい　　　はずかしい

⑰ドッジボールの試合で負けてしまった。

だから、（　　　　　　　　　　　　　　　　　）

⑱今日はいつもより2時間も早起きした。

だから、（　　　　　　　　　　　　　　　　　）

⑲この部屋はまったくそうじをしていない。

だから、（　　　　　　　　　　　　　　　　　）

⑳給食がまだたくさんなべに残っていた。

だから、（　　　　　　　　　　　　　　　　　）

㉑道を歩いていると、急にうしろから声が聞こえてきた。

だから、（　　　　　　　　　　　　　　　　　）

㉒スーパーに来たのにさいふを家にわすれてきてしまった。

だから、（　　　　　　　　　　　　　　　　　）

㉓まだ使えるえんぴつがすてられていた。

だから、（　　　　　　　　　　　　　　　　　）

 例　　こまった　　　もったいない　　　くやしい
　　　　いやだ　　　　ねむい　　　　　　びっくりした

※こんなときは、どんな気持ちですか。

㉔ぼくが使っていたボールが急になくなった。

　　だから、（　　　　　　　　　　　　　　）

㉕この公園は一面に菜の花が咲いている。

　　だから、（　　　　　　　　　　　　　　）

㉖しわだらけの洋服を着て歩いている人がいる。

　　だから、（　　　　　　　　　　　　　　）

㉗まだ習っていない問題がテストに出た。

　　だから、（　　　　　　　　　　　　　　）

㉘教室のまどをみんなでピカピカにみがいた。

　　だから、（　　　　　　　　　　　　　　）

㉙このおもちゃは赤ちゃんがけがをしないように作られている。

　　だから、（　　　　　　　　　　　　　　）

㉚はるこさんはこまっている人がいると、いつもたすけてあげている。

　　だから、はるこさんは　（　　　　　　　　　　　　　　）

例　　安心だ　　　だらしない　　　こまる
　　　きれいだ　　やさしい　　　　むずかしい

中級2　絵を見てセリフや気持ちを考える

✻絵を見て、問題に答えましょう。

①たろうくんはつとむくんがハンカチを落としたことに気がつきました。ふきだしにセリフを書きましょう。

②たろうくんはつとむくんのハンカチをひろってあげました。ふきだしにセリフを書きましょう。

つとむくんの気持ちを書きましょう。

たろうくんの気持ちを書きましょう。

＊絵を見て、問題に答えましょう。

①はるこさんが電車に乗っていると、つえをついたおじいさん
　が乗ってきました。

はるこさんの気持ちを書きましょう。

```
┌─────────────────────────────────────┐
│                                     │
│                                     │
│                                     │
└─────────────────────────────────────┘
```

②はるこさんはおじいさんに席をゆずってあげました。ふきだ
　しにセリフを書きましょう。

おじいさんの気持ちを書きましょう。

```
┌─────────────────────────────────────┐
│                                     │
│                                     │
└─────────────────────────────────────┘
```

①お父さんが会社からつかれて帰ってきました。ふきだしにセリフを書きましょう。

②あやこさんはお父さんのかたをたたいてあげました。ふきだしにセリフを書きましょう。

お父さんの気持ちを書きましょう。

あやこさんの気持ちを書きましょう。

✼絵を見て、問題に答えましょう。

①さとるくんがゲームをしているところを、じろうくんが見ています。ふきだしにセリフを書きましょう。

②さとるくんはじろうくんにゲームをかしてあげました。ふきだしにセリフを書きましょう。

じろうくんの気持ちを書きましょう。

さとるくんの気持ちを書きましょう。

①さとるくんがゲームをしているところを、じろうくんが見ています。ふきだしにセリフを書きましょう。

②さとるくんはじろうくんにゲームをかさずにどこかへ行ってしまいました。ふきだしにセリフを書きましょう。

じろうくんの気持ちを書きましょう。

さとるくんの気持ちを書きましょう。

�<ruby>絵<rt>え</rt></ruby>を<ruby>見<rt>み</rt></ruby>て、<ruby>問題<rt>もんだい</rt></ruby>に<ruby>答<rt>こた</rt></ruby>えましょう。

①みなみさんはお<ruby>母<rt>かあ</rt></ruby>さんといっしょに<ruby>海<rt>うみ</rt></ruby>へあそびに<ruby>行<rt>い</rt></ruby>く<ruby>日<rt>ひ</rt></ruby>を<ruby>決<rt>き</rt></ruby>めました。ふきだしにセリフを<ruby>書<rt>か</rt></ruby>きましょう。

②<ruby>当日<rt>とうじつ</rt></ruby>、<ruby>雨<rt>あめ</rt></ruby>がふってしまい、<ruby>海<rt>うみ</rt></ruby>には<ruby>行<rt>い</rt></ruby>けなくなりました。ふきだしにセリフを<ruby>書<rt>か</rt></ruby>きましょう。

みなみさんの<ruby>気持<rt>きも</rt></ruby>ちを<ruby>書<rt>か</rt></ruby>きましょう。

お<ruby>母<rt>かあ</rt></ruby>さんの<ruby>気持<rt>きも</rt></ruby>ちを<ruby>書<rt>か</rt></ruby>きましょう。

①みなみさんはお母さんといっしょに海へあそびに行く日を決めました。ふきだしにセリフを書きましょう。

②当日はよい天気で、みなみさんはたくさん海であそびました。ふきだしにセリフを書きましょう。

みなみさんの気持ちを書きましょう。

お母さんの気持ちを書きましょう。

※絵を見て、問題に答えましょう。

①とおるくんの夏休みの宿題が賞をとり、先生から賞状がわたされました。ふきだしにセリフを書きましょう。

とおるくんの気持ちを書きましょう。

②クラスメイトから、大きな拍手が起こりました。ふきだしにセリフを書きましょう。

クラスメイトの気持ちを書きましょう。

① 2人がバスに乗っていると、バスが急に止まり、そうたくん
　がバランスをくずし、となりにいたかなとくんにぶつかりま
　した。ふきだしにセリフを書きましょう。

かなと　　　　　　　　　　　　そうた

②そうたくんはかなとくんにあやまりました。ふきだしにセリ
　フを書きましょう。

　そうたくんの気持ちを書きましょう。

　かなとくんの気持ちを書きましょう。

✻絵を見て、問題に答えましょう。

①あかりさんがたかしくんをさそいにやってきて、2人で公園へ行くことにしました。ふきだしにセリフを書きましょう。

たかしくんの気持ちを書きましょう。

②夜になり、たかしくんは宿題をやっていなかったことに気づきました。ふきだしにセリフを書きましょう。

たかしくんの気持ちを書きましょう。

お母さんの気持ちを書きましょう。

中級3　絵を見て状況や気持ちを読み取る

※絵を見て、問題に答えましょう。

①

2人はどんなふうに歩いていますか。

②

何が起こりましたか。せつめいしましょう。

よこを通った人の気持ちを書きましょう。

③かおりさんといくみさんは、つぎからどうすればよいですか。

※絵を見て、問題に答えましょう。

①

今は授業中です。えりこさんの気持ちを書きましょう。

②

えりこさんはどうしましたか。

先生はおどろいています。なぜですか。

③急にトイレに行きたくなったとき、どうしたらよいと思いますか。

①

男の子はどんな様子ですか。

②

男の子はどうしましたか。

まわりの人の気持ちを書きましょう。

③男の子はどうすればよかったと思いますか。

※絵を見て、問題に答えましょう。

①

3人は何をしていますか。せつめいしましょう。

```
┌─────────────────────────────┐
│                             │
│                             │
│                             │
│                             │
│                             │
└─────────────────────────────┘
```

②

よしこさんはどうしましたか。

```
┌─────────────────────────────┐
│                             │
│                             │
│                             │
│                             │
└─────────────────────────────┘
```

さおりさんとあやさんの気持ちを書きましょう。

```
┌─────────────────────────────┐
│                             │
│                             │
│                             │
│                             │
└─────────────────────────────┘
```

③みんなで気持ちよく会話をたのしむにはどうしたらよいと思いますか。

```
┌───────────────────────────────────────┐
│                                       │
│                                       │
│                                       │
│                                       │
└───────────────────────────────────────┘
```

①

駅のホームでみんなが電車を待っています。チェックのシャツの男性はどこに立っていますか。

②

ドアが開いたあと、チェックのシャツの男性は入り口で止まってしまいました。うしろの人はどんな気持ちですか。

③チェックのシャツの男性はどうするのがよかったと思いますか。

※絵を見て、問題に答えましょう。

①

くみさんは待ち合わせの5分前に駅につきました。くみさんの気持ちを書きましょう。

②

けいたくんはやくそくの時間より1時間以上おくれてやってきました。けいたくんの様子を書きましょう。

③くみさんの気持ちを書きましょう。

④けいたくんはどうするのがよかったと思いますか。

①

しんいちくんはどうしました
か。せつめいしましょう。

②

しんいちくんのチームメイト
はどんな気持ちですか。

よく
がんばったよ

しんいち

③しんいちくんの気持ちを書きましょう。

✴絵を見て、問題に答えましょう。

①

たけし
とおる

班で学習に取り組んでいます。
たけしくんはどんな様子です
か。

[ ]

②

教えて
あげようか？

とおるくんはどうしましたか。

[ ]

とおるくんの気持ちを書きま
しょう。

[ ]

③たけしくんの気持ちを書きましょう。

[ ]

①

テストの時間です。しずかさんはどんな様子ですか。

②

しずかさんはどうしましたか。

まいこさんの気持ちを書きましょう。

③テストでわからないとき、どうすればよいですか。

中級4　他の人の行動と自分の気持ち

✻あなたはどんな気持ちになりますか。（　）に書きましょう。

①お母さんからたんじょう日プレゼントをもらいました。

（　　　　　　　　　　　　　　　　　　　　　　　）

②弟にいじわるをして、お父さんにしかられました。

（　　　　　　　　　　　　　　　　　　　　　　　）

③友だちが道で転んでけがをしました。

（　　　　　　　　　　　　　　　　　　　　　　　）

④友だちにうしろから急に声をかけられました。

（　　　　　　　　　　　　　　　　　　　　　　　）

⑤友だちが50メートル走で1位になりました。

（　　　　　　　　　　　　　　　　　　　　　　　）

⑥飼っていたインコが病気で死んでしまいました。

（　　　　　　　　　　　　　　　　　　　　　　　）

⑦友だちはぼく（わたし）よりもたくさんおこづかいをもらっています。

(　　　　　　　　　　　　　　　　　　　　　　　　　　)

⑧お兄ちゃんがサッカーの試合でシュートを決めました。

(　　　　　　　　　　　　　　　　　　　　　　　　　　)

⑨友だちに「シャツの前とうしろが反対だよ」と言われました。

(　　　　　　　　　　　　　　　　　　　　　　　　　　)

⑩明日、妹がはじめて一人でおつかいに行くそうです。

(　　　　　　　　　　　　　　　　　　　　　　　　　　)

⑪友だちがまちがってわたしのかさを持って帰ってしまいました。

(　　　　　　　　　　　　　　　　　　　　　　　　　　)

⑫ 50 メートル走でうしろの人に追いぬかれました。

(　　　　　　　　　　　　　　　　　　　　　　　　　　)

中級5　自分の行動と他の人の気持ち

✽相手はどんな気持ちになりますか。（　）に書きましょう。

①ぼく（わたし）は朝早く起きて、朝ごはんの用意を手伝いました。

お母さんの気持ち　（　　　　　　　　　　　　　　　　　　）

----

②ぼく（わたし）は朝ねぼうをして、だらだらしていました。

お父さんの気持ち　（　　　　　　　　　　　　　　　　　　）

----

③ぼく（わたし）は宿題をやらないで、ゲームであそんでいました。

お母さんの気持ち　（　　　　　　　　　　　　　　　　　　）

----

④ぼく（わたし）は静かにドアの陰に隠れて、お父さんが来たら、「わっ！」と声をかけました。

お父さんの気持ち　（　　　　　　　　　　　　　　　　　　）

----

⑤ぼく（わたし）は近所のおばあさんに、「あなたは何歳ですか」と何回も聞きました。

おばあさんの気持ち（　　　　　　　　　　　　　　　　　　）

⑥ぼく（わたし）はお母さんに、「お弁当おいしかったよ、ありがとう」と言いました。

　　お母さんの気持ち　（　　　　　　　　　　　　　　　　）

⑦ぼく（わたし）は弟に、わからない問題を教えてあげました。

　　弟の気持ち　（　　　　　　　　　　　　　　　　）

⑧ぼく（わたし）は高熱を出して、布団でねています。

　　お父さんの気持ち　（　　　　　　　　　　　　　　　　）

⑨ぼく（わたし）は家に 17 時までに帰るやくそくだったのに、18 時に帰りました。

　　お母さんの気持ち　（　　　　　　　　　　　　　　　　）

⑩ぼく（わたし）はピアノの発表会で、今までで一番上手にピアノを弾けました。

　　お父さんの気持ち　（　　　　　　　　　　　　　　　　）

2
中級編

✻それぞれの気持ちを答えましょう。

①漢字テストで、友だちは 100 点で、ぼく（わたし）は 50 点でした。

　　ぼく（わたし）の気持ち　（　　　　　　　　　　　　）

　　友だちの気持ち　　　　　（　　　　　　　　　　　　）

- -

②ぼく（わたし）はバスケットボールの試合で負けてしまいました。

　　ぼく（わたし）の気持ち　（　　　　　　　　　　　　）

　　相手チームの気持ち　　　（　　　　　　　　　　　　）

- -

③友だちが大切なぼうしをなくしてしまい、ないています。

　　ぼく（わたし）の気持ち　（　　　　　　　　　　　　）

　　友だちの気持ち　　　　　（　　　　　　　　　　　　）

- -

④駅でぐうぜん、仲よしの友だちに会いました。

　　ぼく（わたし）の気持ち　（　　　　　　　　　　　　）

　　友だちの気持ち　　　　　（　　　　　　　　　　　　）

⑤夕ごはんにきらいなピーマンが出てきたので、食べませんでした。

　ぼく（わたし）の気持ち　（　　　　　　　　　　　　　　）
　お母さんの気持ち　　　（　　　　　　　　　　　　　　）

⑥友だちが新しいおもちゃを持ってきていたので、勝手に使いました。

　ぼく（わたし）の気持ち　（　　　　　　　　　　　　　　）
　友だちの気持ち　　　　（　　　　　　　　　　　　　　）

⑦ぼく（わたし）はスーパーのなかで弟とおいかけっこをしました。

　ぼく（わたし）の気持ち　　（　　　　　　　　　　　　　　）
　お店の人・お客さんの気持ち　（　　　　　　　　　　　　）

⑧お母さんがたくさん買い物ぶくろを持っていたので、一つ持ってあげました。

　ぼく（わたし）の気持ち　（　　　　　　　　　　　　　　）
　お母さんの気持ち　　　（　　　　　　　　　　　　　　）

❊それぞれの気持ちを答えましょう。

⑨お父さんからたんじょう日プレゼントに、前からほしかった
　プラモデルをもらいました。

　　ぼく（わたし）の気持ち　（　　　　　　　　　　　　　　）
　　お父さんの気持ち　　　　（　　　　　　　　　　　　　　）

- -

⑩お母さんとスーパーに来ましたが、おかしを見ていたらお母
　さんが見当たりません。

　　ぼく（わたし）の気持ち　（　　　　　　　　　　　　　　）
　　お母さんの気持ち　　　　（　　　　　　　　　　　　　　）

- -

⑪友だちとあそんでいたら、友だちがおならをしたので大きな
　声で笑いました。

　　ぼく（わたし）の気持ち　（　　　　　　　　　　　　　　）
　　友だちの気持ち　　　　　（　　　　　　　　　　　　　　）

- -

⑫教室で友だちが本を読んでいたので、うしろから近づいて大き
　な声で「わっ！」と声をかけました。

　　ぼく（わたし）の気持ち　（　　　　　　　　　　　　　　）
　　友だちの気持ち　　　　　（　　　　　　　　　　　　　　）

⑬友だちに「公園でいっしょにあそぼう」とさそわれましたが、「習い事があるから、また今度ね」と言いました。

ぼく（わたし）の気持ち　　（　　　　　　　　　　　　　　　）
友だちの気持ち　　　　　（　　　　　　　　　　　　　　　）

⑭友だちのおもちゃであそんでいたら、部品が一つとれてしまいました。

ぼく（わたし）の気持ち　　（　　　　　　　　　　　　　　　）
友だちの気持ち　　　　　（　　　　　　　　　　　　　　　）

⑮電車に乗っているとき、となりの人がゲームをしていたので、じっとその画面をのぞきこみました。

ぼく（わたし）の気持ち　　（　　　　　　　　　　　　　　　）
となりの人の気持ち　　　　（　　　　　　　　　　　　　　　）

⑯ぼく（わたし）は毎日テレビですきなアニメを見るので、お父さんやお母さんはすきな番組を見られません。

ぼく（わたし）の気持ち　　（　　　　　　　　　　　　　　　）
お父さんやお母さんの気持ち　（　　　　　　　　　　　　　　）

❀ それぞれの気持ちを答えましょう。

⑰授業中、トイレに行きたくなったので、だれにも言わずに急いでトイレに行きました。

　　ぼく（わたし）の気持ち　（　　　　　　　　　　　　　）

　　先生の気持ち　　　　　　（　　　　　　　　　　　　　）

- -

⑱本を読んでいたら、お母さんが「もうおそいから早くねなさい」と言いました。

　　ぼく（わたし）の気持ち　（　　　　　　　　　　　　　）

　　お母さんの気持ち　　　　（　　　　　　　　　　　　　）

- -

⑲レストランでごはんを食べながら友だちと話をしていたとき、たのしくて大きな声で笑いました。

　　ぼく（わたし）の気持ち　（　　　　　　　　　　　　　）

　　まわりの人の気持ち　　　（　　　　　　　　　　　　　）

- -

⑳毎日、ぼく（わたし）は自分のすきなマンガの話を休み時間中ずっと友だちにしています。

　　ぼく（わたし）の気持ち　（　　　　　　　　　　　　　）

　　友だちの気持ち　　　　　（　　　　　　　　　　　　　）

㉑休み時間中、ずっと友だちのしゃべり方をまねしました。

ぼく（わたし）の気持ち　（　　　　　　　　　　　）

友だちの気持ち　　　　（　　　　　　　　　　　）

- -

㉒友だちの家でおやつを出してもらいましたが、すきなチョコがなかったので「チョコないの？」と聞きました。

ぼく（わたし）の気持ち　（　　　　　　　　　　　）

友だちの気持ち　　　　（　　　　　　　　　　　）

- -

㉓お父さんが宿題でわからないところを教えてくれています。でも、ゲームの話を思い出したので、その話をしました。

ぼく（わたし）の気持ち　（　　　　　　　　　　　）

お父さんの気持ち　　　（　　　　　　　　　　　）

- -

㉔すきな人がとなりの席になったので、ずっと顔を見ていました。

ぼく（わたし）の気持ち　（　　　　　　　　　　　）

相手の気持ち　　　　　（　　　　　　　　　　　）

中級7　気持ちと行動の区別

✿どんな気持ちですか。また、このときどうしますか。（　　）に書きましょう。

①昼の12時になり、おなかがすきました。お母さんが昼ごはんを用意してくれました。

　　　自分の気持ち（　　　　　　　　　　　　　　　）
　　　行動　　（　　　　　　　　　　　　　　　　　）

- -

②昼の12時になり、おなかがすきました。お母さんが「これからごはんの用意をするからすこし待っててね」と言いました。

　　　自分の気持ち（　　　　　　　　　　　　　　　）
　　　行動　お母さんが作っているので（　　　　　　　）

- -

③公園に来ました。今日はあそんでいる子が少なくて、ぼく（わたし）がすきなブランコにはだれもいません。

　　　自分の気持ち（　　　　　　　　　　　　　　　）
　　　行動　　（　　　　　　　　　　　　　　　　　）

- -

④公園に来ました。いつもあそんでいるブランコを、他の子が使っていました。

　　　自分の気持ち（　　　　　　　　　　　　　　　）
　　　行動　他の子が使っているので　（　　　　　　　）

⑤明日はハイキングで、とても高い山に登ります。

　自分の気持ち（　　　　　　　　　　　　　　　　　）

　行動　　（　　　　　　　　　　　　　　　　　　　）

⑥弟がぼく（わたし）のすきなゲームであそんでいます。でもぼく（わたし）はまだ宿題が残っています。

　自分の気持ち（　　　　　　　　　　　　　　　　　）

　行動　宿題があるので　（　　　　　　　　　　　　）

⑦朝、友だちがむかえに来ましたが、まだ学校にいく用意ができていません。

　自分の気持ち（　　　　　　　　　　　　　　　　　）

　行動　　まだ用意ができていないので　（　　　　　）

⑧たのしみにしていた花火大会が、大雨で中止になりました。

　自分の気持ち（　　　　　　　　　　　　　　　　　）

　行動　　（　　　　　　　　　　　　　　　　　　　）

※どんな気持ちですか。また、このときどうしますか。（　　）に書きましょう。

⑨すきな番組がもうすぐ始まるので早足で家に向かっていると、道がこんでいて通れません。

　　　自分の気持ち（　　　　　　　　　　　　　　　　　　　）
　　　行動　道がこんでいるので（　　　　　　　　　　　　　　）

- -

⑩電車に乗っているときにお母さんから電話がかかってきました。

　　　自分の気持ち（　　　　　　　　　　　　　　　　　　　）
　　　行動　電車のなかなので（　　　　　　　　　　　　　　　）

- -

⑪下校のとちゅう、友だちに「今すぐぼく（わたし）の家でゲームをしよう」とさそわれました。

　　　自分の気持ち（　　　　　　　　　　　　　　　　　　　）
　　　行動　まだ下校とちゅうだから　（　　　　　　　　　　　）

- -

⑫電車に乗っているとき、おなかがすいてきました。かばんの中にはお弁当が入っています。

　　　自分の気持ち（　　　　　　　　　　　　　　　　　　　）
　　　行動　電車のなかなので（　　　　　　　　　　　　　　　）

⑬友だちにおもちゃをかしていたら、友だちから返されるとき
にお礼のおかしをもらいました。

自分の気持ち（ 　　　　　　　　　　　　　　　　　　　　　　　　）

行動 　（ 　　　　　　　　　　　　　　　　　　　　　　　　）

⑭すきなおもちゃであそんでいたら、友だちが「わたしにもか
して」と言いました。まだあそびはじめたばかりです。

自分の気持ち（ 　　　　　　　　　　　　　　　　　　　　　　　　）

行動 　友だちに（ 　　　　　　　　　　　　　　　　　　　　　　）

⑮図書館で本を読んでいたら、まだ読み終わっていないのに閉館
の時間になりました。

自分の気持ち（ 　　　　　　　　　　　　　　　　　　　　　　　　）

行動 　閉館の時間なので（ 　　　　　　　　　　　　　　　　　　）

⑯ごはんを食べたら、早くゲームをしたいけど、歯みがきをす
るように言われています。

自分の気持ち（ 　　　　　　　　　　　　　　　　　　　　　　　　）

行動 　虫歯になるから（ 　　　　　　　　　　　　　　　　　　　）

❈どんな気持ちですか。また、このときどうしますか。（　　　）に
書きましょう。

⑰一人でるすばんをしていたら、インターホンが鳴りました。

　　自分の気持ち（　　　　　　　　　　　　　　　　　　　　　）
　　行動　ぼく（わたし）だけしかいないので（　　　　　　　　　）

- -

⑱今日は電車がおくれて、学校に遅刻しそうです。

　　自分の気持ち（　　　　　　　　　　　　　　　　　　　　　）
　　行動　（　　　　　　　　　　　　　　　　　　　　　　　）

- -

⑲朝、起きるのが苦手です。でも、今日はいつもより早く学校
に行かなくてはなりません。

　　自分の気持ち（　　　　　　　　　　　　　　　　　　　　　）
　　行動　学校におくれるので　（　　　　　　　　　　　　　）

- -

⑳お母さんに「今日は予防接種を受けに行くよ」と言われました。
ぼく（わたし）は注射が苦手です。

　　自分の気持ち（　　　　　　　　　　　　　　　　　　　　　）
　　行動　病気にならないために必要なので（　　　　　　　　　）

㉑冷蔵庫の中に、箱に入ったケーキがありました。ぼく（わたし）のすきないちごケーキです。

自分の気持ち（　　　　　　　　　　　　　　　　）
行動　勝手に食べてはいけないので（　　　　　　　　　）

- -

㉒ テスト中わからない問題がありました。

自分の気持ち（　　　　　　　　　　　　　　　　）
行動　テスト中なので、（　　　　　　　　　　　）

- -

㉓エレベーターに乗ろうと待っていましたが、満員でした。

自分の気持ち（　　　　　　　　　　　　　　　　）
行動　満員なので　（　　　　　　　　　　　　　）

- -

㉔買いたい本を本屋さんでやっと見つけましたが、さいふを家にわすれてきてしまいました。

自分の気持ち（　　　　　　　　　　　　　　　　）
行動　さいふがないので　（　　　　　　　　　　）

✳️ どんな気持ちですか。また、このときどうしますか。（　　）に書きましょう。

㉕お母さんが重い荷物を3つ持っています。妹がそれを1つ持ちました。

　　自分の気持ち（　　　　　　　　　　　　　　　　　　　　）
　　行動　（　　　　　　　　　　　　　　　　　　　　　　　　）

㉖お母さんのスマホでゲームをしたいのですが、お母さんは電話中です。

　　自分の気持ち（　　　　　　　　　　　　　　　　　　　　）
　　行動　お母さんが電話中なので　（　　　　　　　　　　　）

㉗宿題でわからない問題がありました。お父さんは家にいますが今は仕事中です。

　　自分の気持ち（　　　　　　　　　　　　　　　　　　　　）
　　行動　お父さんが仕事中なので　（　　　　　　　　　　　）

㉘テレビを見ていたら「夕食だからテレビを消して手伝って」と言われました。

　　自分の気持ち（　　　　　　　　　　　　　　　　　　　　）
　　行動　夕食の時間だから　（　　　　　　　　　　　　　　）

㉙いつも夜9時にねていますが、今日は9時から見たいテレビがあります。

自分の気持ち（　　　　　　　　　　　　　　　）

行動　9時はねる時間なので（　　　　　　　　　）

㉚苦手な算数の宿題が出ました。

自分の気持ち（　　　　　　　　　　　　　　　）

行動　宿題だから（　　　　　　　　　　　　　）

㉛友だちに「ジュースを買うからお金をかして」と言われました。

自分の気持ち（　　　　　　　　　　　　　　　）

行動（　　　　　　　　　　　　　　　　　　　）

㉜授業中、先生が「この答えがわかる人は手をあげて」と言ったので、手をあげました。ぼく（わたし）が答えたかったのに、他の人があてられました。

自分の気持ち（　　　　　　　　　　　　　　　）

行動　他の人の番だから（　　　　　　　　　　）

中級8　三者の気持ち

✼どんな気持ちですか。（　　）に書きましょう。

①お客さんが家に来て、お母さんと大事な話をしています。ぼく（わたし）はその部屋に入って行って大きな声ですきな歌を歌いました。

ぼく（わたし）の気持ち

（　　　　　　　　　　　　　　　　　　　　　　　　　）

お客さんの気持ち

（　　　　　　　　　　　　　　　　　　　　　　　　　）

お母さんの気持ち

（　　　　　　　　　　　　　　　　　　　　　　　　　）

- -

②お客さんが家に来ました。ぼく（わたし）はお客さんに「こんにちは」とあいさつをしました。

ぼく（わたし）の気持ち

（　　　　　　　　　　　　　　　　　　　　　　　　　）

お客さんの気持ち

（　　　　　　　　　　　　　　　　　　　　　　　　　）

お母さんの気持ち

（　　　　　　　　　　　　　　　　　　　　　　　　　）

③お父さんと電車に乗りましたが、席が空いていなくてすわれません。ぼく（わたし）は「何ですわれないの！」と泣きました。

ぼく（わたし）の気持ち

（　　　　　　　　　　　　　　　　　　　　　　　　　　　）

お父さんの気持ち

（　　　　　　　　　　　　　　　　　　　　　　　　　　　）

ほかのお客さんの気持ち

（　　　　　　　　　　　　　　　　　　　　　　　　　　　）

④ぼく（わたし）とじろうくんは電車に乗りました。電車のなかで、すきなテレビアニメの話でもり上がりました。でも、じろうくんは、「もうすこし小さな声で話そう」と言いました。

ぼく（わたし）の気持ち

（　　　　　　　　　　　　　　　　　　　　　　　　　　　）

じろうくんの気持ち

（　　　　　　　　　　　　　　　　　　　　　　　　　　　）

他のお客さんの気持ち

（　　　　　　　　　　　　　　　　　　　　　　　　　　　）

※どんな気持ちですか。（　　）に書きましょう。

⑤たろうくんが新しいゲームを持っていました。じろうくんにはかしてあげたのに、ぼくにはかしてくれませんでした。

ぼくの気持ち

（　　　　　　　　　　　　　　　　　　　　　　　　）

たろうくんの気持ち

（　　　　　　　　　　　　　　　　　　　　　　　　）

じろうくんの気持ち

（　　　　　　　　　　　　　　　　　　　　　　　　）

- -

⑥たろうくんとじろうくんは新しいゲームを持っていました。たろうくんはぼくにかしてくれたけれど、じろうくんはかしてくれません。

ぼくの気持ち

（　　　　　　　　　　　　　　　　　　　　　　　　）

たろうくんの気持ち

（　　　　　　　　　　　　　　　　　　　　　　　　）

じろうくんの気持ち

（　　　　　　　　　　　　　　　　　　　　　　　　）

⑦今日はわたしのたんじょう日です。かおりさんはたんじょう日カードを作ってプレゼントしてくれました。でも、さおりさんはわすれていて、「プレゼントをわすれてごめんね」と言いました。

わたしの気持ち

（　　　　　　　　　　　　　　　　　　　　　）

かおりさんの気持ち

（　　　　　　　　　　　　　　　　　　　　　）

さおりさんの気持ち

（　　　　　　　　　　　　　　　　　　　　　）

2　中級編

⑧お母さんとお兄ちゃんと３人で買い物をしています。買い物をして荷物が増えたので、お兄ちゃんはお母さんに「１つ持つよ」と言って、荷物を１つ持ちました。それを見てぼく（わたし）は「ぼく（わたし）も持つよ」と言いました。

ぼく（わたし）の気持ち

（　　　　　　　　　　　　　　　　　　　　　）

お母さんの気持ち

（　　　　　　　　　　　　　　　　　　　　　）

お兄ちゃんの気持ち

（　　　　　　　　　　　　　　　　　　　　　）

発展1　気持ちと行動

✳つぎのような気持ちになるのはどんなことですか。

①たのしいこと

(   )

(   )

(   )

②こわいこと

(   )

(   )

(   )

③うれしいこと

(   )

(   )

(   )

④かなしいこと

(   )

(   )

(   )

⑤おどろいたこと

(   )
(   )
(   )

⑥もったいないこと

(   )
(   )
(   )

⑦うらやましいこと

(   )
(   )
(   )

⑧くやしいこと

(   )
(   )
(   )

発展2　家族やまわりの人の気持ち

❋質問に答えましょう。

①お母さんにとってたのしいことはどんなことですか。

（　　　　　　　　　　　　　　　　　　　　　　　　）

（　　　　　　　　　　　　　　　　　　　　　　　　）

（　　　　　　　　　　　　　　　　　　　　　　　　）

②お父さんにとってたのしいことはどんなことですか。

（　　　　　　　　　　　　　　　　　　　　　　　　）

（　　　　　　　　　　　　　　　　　　　　　　　　）

（　　　　　　　　　　　　　　　　　　　　　　　　）

③お母さんは、あなたがどんなことをしたらかなしいですか。

（　　　　　　　　　　　　　　　　　　　　　　　　）

（　　　　　　　　　　　　　　　　　　　　　　　　）

（　　　　　　　　　　　　　　　　　　　　　　　　）

④お父さんがあなたをほめたくなるのは、どんなときですか。

（　　　　　　　　　　　　　　　　　　　　　　　　）

（　　　　　　　　　　　　　　　　　　　　　　　　）

（　　　　　　　　　　　　　　　　　　　　　　　　）

⑤お母さんは何をするのがすきですか。

(　　　　　　　　　　　　　　　　　　　　)

(　　　　　　　　　　　　　　　　　　　　)

(　　　　　　　　　　　　　　　　　　　　)

⑥お父さんは何をするのがすきですか。

(　　　　　　　　　　　　　　　　　　　　)

(　　　　　　　　　　　　　　　　　　　　)

(　　　　　　　　　　　　　　　　　　　　)

⑦ [　　　]先生があなたをほめたくなるのは、どんなときですか。

(　　　　　　　　　　　　　　　　　　　　)

(　　　　　　　　　　　　　　　　　　　　)

(　　　　　　　　　　　　　　　　　　　　)

⑧ [　　]さんは、何をするのがすきですか。

(　　　　　　　　　　　　　　　　　　　　)

(　　　　　　　　　　　　　　　　　　　　)

(　　　　　　　　　　　　　　　　　　　　)

3
発展編

発展3　相手にかけることば

❊つぎのようなとき、相手にどんなことばをかけるとよいですか。
そのときの相手の気持ちも考えましょう。

①友だちにたんじょう日プレゼントをあげるとき

「　　　　　　　　　　」・友だちの気持ち（　　　　　　　　　　）

②友だちがマラソンで1位をとったとき

「　　　　　　　　　　」・友だちの気持ち（　　　　　　　　　　）

③友だちがマラソンで負けてしまったとき

「　　　　　　　　　　」・友だちの気持ち（　　　　　　　　　　）

④お母さんが重そうに荷物を運んでいるとき

「　　　　　　　　　　」・お母さんの気持ち（　　　　　　　　　　）

⑤お母さんがおいしい夕ごはんを作ってくれたとき

「　　　　　　　　　　」・お母さんの気持ち（　　　　　　　　　　）

⑥友だちがてつぼうの練習をしているとき

「　　　　　　　　　　」・友だちの気持ち（　　　　　　　　　　）

⑦友だちが道で転んだとき

「　　　　　　　　　　」・友だちの気持ち（　　　　　　　　　　）

⑧お父さんが仕事から帰ってきたとき

「　　　　　　　　　　」・お父さんの気持ち（　　　　　　　　　　）

発展4　気持ちのことばの言いかえ

✻相手がいやだなと思うことばを言いかえましょう。

> どんなことばに言いかえたらよいか、わからない場合は、「" うれしい " と " くやしい "、
> どっちかな」と選択肢を与えてあげましょう。わかるようになってきたら、選択肢が
> なくても、自分で言いかえのことばを考えられるように進めていくとよいでしょう。

①徒競走で負けて　むかつく　⟶　（　　　　　　　　　　）

②妹ばかりおかしを買ってもらって　ずるい

　　　　　　　　　　⟶　（　　　　　　　　　　）

③話を聞いてくれないから　むかつく

　　　　　　　　　　⟶　（　　　　　　　　　　）

④あの子はずっとしゃべっていて　うざい

　　　　　　　　　　⟶　（　　　　　　　　　　）

⑤テストに×が多くて　むかつく

　　　　　　　　　　⟶　（　　　　　　　　　　）

⑥縄跳びがうまくとべなくて　いらつく

　　　　　　　　　　⟶　（　　　　　　　　　　）

⑦宿題が多くて　うざい　⟶　（　　　　　　　　　　）

⑧今日の給食はきらいなものばかりで　むかつく

　　　　　　　　　　⟶　（　　　　　　　　　　）

✻質問に答えましょう。

①外に出るときにはずかしいと思う服装は、どんな服装ですか。

（　　　　　　　　　　　　　　　　　　　　　　）

（　　　　　　　　　　　　　　　　　　　　　　）

（　　　　　　　　　　　　　　　　　　　　　　）

②人と話すときにはずかしいと思う仕草は、どんな仕草ですか。

（　　　　　　　　　　　　　　　　　　　　　　）

（　　　　　　　　　　　　　　　　　　　　　　）

（　　　　　　　　　　　　　　　　　　　　　　）

③友だちがマラソン大会で転んでしまいました。

友だちはどんな気持ちですか　（　　　　　　　　　　）

あなたはどんな気持ちですか　（　　　　　　　　　　）

あなたはどうしますか　　　　（　　　　　　　　　　）

④友だちが、ズボンを前うしろ反対に履いていました。友だちは気づいていないようです。どうしますか。

（　　　　　　　　　　　　　　　　　　　　　　）

発展6　周りからの見え方

✷まわりの人はどう思いますか。

①電車のなかで大声でしゃべっている

( )

②指で鼻くそをほじっている

( )

③かみの毛がねぐせだらけでぼさぼさだ

( )

④朝の会での発表の声がとても小さい

( )

⑤「うんち」や「おしっこ」などと言って笑う

( )

⑥同じことを 10 回聞く

( )

⑦話をするときに距離が近すぎる

( )

⑧顔を見ないで話をする

( )

⑨おこっているような話し方をする

( )

⑩やくそくの時間をいつも守らない

( )

3

発展編

発展7　こまったときの気持ちと対処法

❋つぎのようなときはどうしますか。（　　）に書きましょう。

①家にふでばこをわすれてきてしまったとき

　　あなたの気持ち　（　　　　　　　　　　　　　　　　　　　）
　　どうしますか　　（　　　　　　　　　　　　　　　　　　　）

- -

②授業を受けていたら、急におなかがいたくなってきたとき

　　あなたの気持ち　（　　　　　　　　　　　　　　　　　　　）
　　どうしますか　　（　　　　　　　　　　　　　　　　　　　）

- -

③宿題をしていたら、わからない問題があったとき

　　あなたの気持ち　（　　　　　　　　　　　　　　　　　　　）
　　どうしますか　　（　　　　　　　　　　　　　　　　　　　）

- -

④大事なプリントを学校にわすれてきてしまったとき

　　あなたの気持ち　（　　　　　　　　　　　　　　　　　　　）
　　どうしますか　　（　　　　　　　　　　　　　　　　　　　）

⑤家族で買い物に来たのに、家族とはぐれてしまったとき

　　あなたの気持ち　（　　　　　　　　　　　　　　　　　）
　　どうしますか　　（　　　　　　　　　　　　　　　　　）

- -

⑥図書館で、借りたい本が見つからないとき

　　あなたの気持ち　（　　　　　　　　　　　　　　　　　）
　　どうしますか　　（　　　　　　　　　　　　　　　　　）

- -

⑦駅のホームから線路にぼうしを落としてしまったとき

　　あなたの気持ち　（　　　　　　　　　　　　　　　　　）
　　どうしますか　　（　　　　　　　　　　　　　　　　　）

- -

⑧友だちとあそぶやくそくをしていたけれど、かぜをひいてしまったとき

　　あなたの気持ち　（　　　　　　　　　　　　　　　　　）
　　どうしますか　　（　　　　　　　　　　　　　　　　　）

発展8　怒り・イライラのコントロール

✳️質問に答えましょう。

①あなたはどんなときにおこったり、イライラしたりしますか。

（　　　　　　　　　　　　　　　　　　　　　　　）

（　　　　　　　　　　　　　　　　　　　　　　　）

（　　　　　　　　　　　　　　　　　　　　　　　）

----

②おこったり、イライラしたりすると、あなたはどうなりますか。あてはまるものすべてに〇をつけましょう。

声が大きくなる　　　　　　　　　　　　　　（　　　）

「いやだ」「むかつく」などと言ってしまう　　（　　　）

泣く　　　　　　　　　　　　　　　　　　　（　　　）

体が止められなくなる　　　　　　　　　　　（　　　）

物を投げる　　　　　　　　　　　　　　　　（　　　）

体に力が入る　　　　　　　　　　　　　　　（　　　）

心臓がどきどきする　　　　　　　　　　　　（　　　）

足をどんどんふみならす　　　　　　　　　　（　　　）

相手をにらむ　　　　　　　　　　　　　　　（　　　）

その他にもあれば書きましょう

（　　　　　　　　　　　　　　　　　　　　　　　）

③イライラしているときに、してはいけないのはどんなことですか。

(　　　　　　　　　　　　　　　　　　)

(　　　　　　　　　　　　　　　　　　)

(　　　　　　　　　　　　　　　　　　)

- -

④イライラしたとき、あなたはどんなことをしますか。あてはまるものすべてに〇をつけましょう。

ストレッチをする　　　　　　　　　　　　（　　）

歩_{ある}く　　　　　　　　　　　　　　　　　　　（　　）

すきな本_{ほん}を読_よむ　　　　　　　　　　　　　（　　）

顔_{かお}をあらう　　　　　　　　　　　　　　　（　　）

すきな歌_{うた}を聞_きく　　　　　　　　　　　　（　　）

お茶_{ちゃ}を飲_のむ　　　　　　　　　　　　　　（　　）

その他_{ほか}にもあれば書_かきましょう。わからないときは、家族_{かぞく}にも聞_きいてみましょう。

(　　　　　　　　　　　　　　　　　　)

(　　　　　　　　　　　　　　　　　　)

4 総合問題

総合問題1　スーパーでの買い物

❀絵を見て、質問に答えましょう。

わたる

りょうじ

①何をしていますか。せつめいしましょう。

②この中でこまっている人はだれですか。

(   )

③それはなぜですか。りゆうを考えて書きましょう。

(   )
(   )

④りょうじくんの気持ちを書きましょう。

(   )

⑤ほしいものがあるときはどうしたらよいですか。

(   )

⑥おうちの人と買いものをするときにはどんなことに気をつけますか。

(   )
(   )
(   )

総合問題２　電車

✲絵を見て、質問に答えましょう。

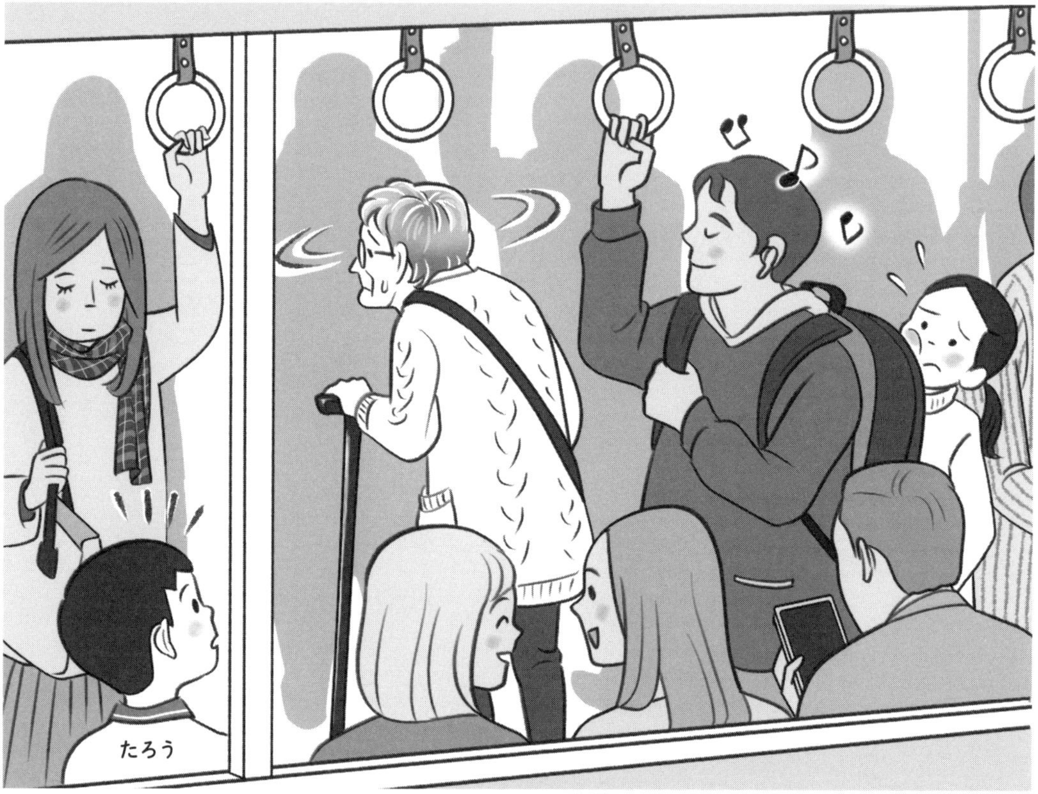

①電車のなかは、どんな様子ですか。

②絵のなかでこまっている人をさがして何にこまっているか
を答えましょう。

こまっている人　　　　　何にこまっていますか

（　　　　　　　　　　　）

（　　　　　　　　　　　）

- -

③おばあさんに気づいたたろうくんはどんな気持ちですか。

（　　　　　　　　　　　　　　　　　　　　　　）

（　　　　　　　　　　　　　　　　　　　　　　）

- -

④たろうくんはどうしたらよいですか。

（　　　　　　　　　　　　　　　　　　　　　　）

- -

⑤電車に乗るときにはどんなことを気をつけますか。

立っているときは　　　　　（　　　　　　　　　）

けがをしている人がいたら　（　　　　　　　　　）

おりる人が近くにいるときは　（　　　　　　　　　）

総合問題3　公園

❀絵を見て、質問に答えましょう。

たかお　　　　　　　　　　はなこ

①それぞれどんな気持ちですか。

　ブランコに乗っている人の気持ち

（　　　　　　　　　　　　　　　　　　　　　）

　待っている人の気持ち

（　　　　　　　　　　　　　　　　　　　　　）

②たかおくんはまだブランコに乗ったばかりです。たかおくんはどうするのがよいですか。よいと思うものに〇、よくないと思うものに×をつけましょう。

すぐに交代する 　　　　　　　　　　　　　　（　　　）

「あと10回こいだら交代するね」と伝える　　（　　　）

「ぼくが先に使っているから交代はしないよ」と伝える（　　　）

③はなこさんは10分ブランコであそんでいました。はなこさんはどうするのがよいですか。

（　　　　　　　　　　　　　　　　　　　　　　　　）

④たかおくんとはなこさんがずっとブランコに乗って交代しなかったら、待っている人たちはどんな気持ちになりますか。

（　　　　　　　　　　　　　　　　　　　　　　　　）

⑤公園でみんながなかよくあそぶために、どんなことに気をつけますか。

（　　　　　　　　　　　　　　　　　　　　　）

（　　　　　　　　　　　　　　　　　　　　　）

（　　　　　　　　　　　　　　　　　　　　　）

4 総合問題

総合問題4　外食

❀絵を見て、質問に答えましょう。

①レストランで食事をしています。他の人にめいわくをかけて
　しまっているのは、A・B・Cのうち、どのテーブルですか。

（　　　　　　　）

②どんなめいわくをかけていますか。

(   )

③このテーブルのお客さんは今、どんな気持ちですか。

(   )

④他のテーブルのお客さんはどんな気持ちですか。

(   )

(   )

⑤お店の人はどんな気持ちですか。

(   )

⑥レストランでみんなが気持ちよく食事をするためには、どんなことに気をつけますか。

(   )

(   )

(   )

総合問題5　ピアノの演奏

❋絵を見て、質問に答えましょう。

はるみ

①何をしている絵ですか。

----

②まわりの友だちは何と言っているでしょう。3つ考えましょう。

(　　　　　　　　　　　　　　　　　　　　　　　　)

(　　　　　　　　　　　　　　　　　　　　　　　　)

(　　　　　　　　　　　　　　　　　　　　　　　　)

③はるみさんはどんな気持ちですか。2つ考えましょう。

(　　　　　　　　　　　　　　　　　　　　　　　　)

(　　　　　　　　　　　　　　　　　　　　　　　　)

④ほめられるとどんな気持ちになりますか。

(　　　　　　　　　　　　　　　　　　　　　　　　)

⑤あなたも自分のことやだれかのことをほめてみましょう。

自分のほめたいところ

(　　　　　　　　　　　　　　　　　　　　　　　　)

(　　　　　　　　　　　　　　　　　　　　　　　　)

[　　　] さんのほめたいところ

(　　　　　　　　　　　　　　　　　　　　　　　　)

(　　　　　　　　　　　　　　　　　　　　　　　　)

4
総合問題

総合問題6　友だちとゲーム

❋絵を見て、質問に答えましょう。

①何をしている絵ですか。

②ゲームをしている2人の気持ちを考えましょう。

あきらくんの気持ち

（　　　　　　　　　　　　　　　　　　　　）

みちこさんの気持ち

（　　　　　　　　　　　　　　　　　　　　）

③まわりの友だちはどんな気持ちですか。

（　　　　　　　　　　　　　　　　　　　　）

④つばさくんは負けたみちこさんにどんなことばをかけていますか。

（　　　　　　　　　　　　　　　　　　　　）

⑤ゲームで負けたとき、やってはいけないことに×を書きましょう。

くやしがる　　　　　　　　　　　　　（　　　　）

ゲームを投げつける　　　　　　　　　（　　　　）

おこって帰る　　　　　　　　　　　　（　　　　）

もう1回やろうと言う　　　　　　　　（　　　　）

「〇〇くん、上手だね」と言う　　　　（　　　　）

「ずるをしたよね」と言う　　　　　　（　　　　）

総合問題7　運動会

❋運動会の日、さとしくんのチームはリレーで負けて、泣いてしまいました。

①さとしくんの気持ちはどんな気持ちですか。

（　　　　　　　　　　　　　　　　　　　　　　）

②勝ったチームの人はどんな気持ちですか。

（　　　　　　　　　　　　　　　　　　　　　　）

③つぎの行動がよければ○、悪ければ×を（　）に書きましょう。

リレーで負けてくやしい。だから、チームメイトをおこる （　　　）

リレーで負けてくやしい。だから、チームメイトと一緒にくやしがる （　　　）

リレーで負けてくやしい。だから、お母さんに文句を言う （　　　）

リレーで負けてくやしい。だから一人で全部走ると言う （　　　）

リレーで負けてくやしい。でも、泣くのをがまんする （　　　）

リレーで負けてくやしい。でも、勝ったチームに拍手する （　　　）

④「走るのがおそい」と言われたら、あなたはどんな気持ちですか？

（　　　　　　　　　　　　　　　　　　　　　　）

⑤走るのがおそかった子が泣いています。あなたはどんな行動をとればよいですか？

（　　　　　　　　　　　　　　　　　　　　　　）

総合問題8　感謝の気持ちを表現する

※いつもお世話になっている人に感謝の気持ちを伝えましょう。

①あなたがいつもお世話になっている人はだれだと思いますか？3人書きましょう。

（　　　　　　）（　　　　　　　）（　　　　　　　　）

②感謝の思いはことばにして相手に伝えることがとても大切です。父の日、母の日、敬老の日などに感謝の気持ちを手紙に書いてみましょう。

もし、うまく書けないときは、「いつも～してくれてありがとう」を10個書いてみましょう。

総合問題9 「わざとではない」

あつしくんが休み時間に黒板消しで友だちとふざけていたら、黒板消しがあゆみさんの制服にあたり、制服が汚れてしまいました。あゆみさんが「あやまって」とおこりましたが、あつしくんは「わざとじゃないのにあやまる必要ないでしょ。ぼくは悪くないよ」と言って、ふてくされました。

①あつしくんは、わざとあゆみさんに黒板消しをぶつけましたか？

(   )

②制服が汚れたあゆみさんの気持ちを答えましょう。

(   )

③制服が汚れておこり出したあゆみさんと、黒板消しでふざけていたあつしくんはどちらが悪いですか？　(   )

④あやまらないあつしくんのことを、他の人はどう思うでしょうか？

(   )

⑤わざとではなければ、あやまらなくてもいいですか？

(   )

⑥あつしくんはあゆみさんに何と言って、どんな行動をとればよいでしょう？　(   ) に合うことばを書き入れましょう。

「(   ) けれど、あゆみさんの制服を汚した

のは (   ) です。だから、あゆみさんに

(   )」と言って、(   )。

94

総合問題 10　公共の場での撮影

まなぶくんは電車の写真を撮ることがすきです。ある日、電車のなかからすれ違い電車の写真を撮ったら、となりに立っていた女性から「やめて下さい」と言われました。まなぶくんは、「あなたのことは撮っていません」と言いました。

①女性は、何を「やめて下さい」と言ったのですか？

（　　　　　　　　　　　　　　　　　　　　　　　　　）

②女性は、どうして「やめて下さい」と言ったのですか？

（　　　　　　　　　　　　　　　　　　　　　　　　　）

③「やめて下さい」と言われたまなぶくんは、どんな気持ちでしたか？

（　　　　　　　　　　　　　　　　　　　　　　　　　）

④「あなたのことは撮っていない」と言われた女性の気持ちに合うと思うものすべてに○をつけましょう。

（　　　）私を撮っていないと言うが写っているかもしれないから不安だ。

（　　　）私も電車の写真撮りたいな。

（　　　）屁理屈を言わないでほしい。マナー違反です。

（　　　）絶対私のこと撮った！　ウソを言わないで！

⑤「やめて下さい」と注意されたら、まなぶくんはどう答えて、どうすればよかったのですか？

（　　　　　　　　　　　　　　　　　　　　　　　　　）

解 答 例

ここに挙げているのは一つの例です。
子どもの発達段階によって解答は異なりますので、子どもの能力に合わせて具体的でイメージしやすい解答を示してください。

1 基本編

基本1 こんなときの気持ち（P8）

①うれしい　②かなしい　③たのしい　④こわい　⑤たのしい　⑥こわい　⑦うれしい　⑧こわい　⑨うれしい　⑩こわい　⑪かなしい　⑫うれしい　⑬たのしい

①くるしい　②びっくり　③ねむい　④ざんねんだ　⑤びっくり　⑥ねむい　⑦ざんねんだ　⑧くるしい　⑨びっくり　⑩ざんねんだ

①きれい　②はずかしい　③おもしろい　④きたない　⑤つかれた　⑥はずかしい　⑦きたない　⑧つかれた　⑨きれい　⑩おもしろい

基本2 表情と気持ち（P11）

①かなしい　②おこる　③たのしい　④びっくり　⑤こわい　⑥くるしい　⑦こわい　⑧たのしい　⑨くるしい　⑩かなしい　⑪おこる　⑫びっくり

基本3 場面と気持ち（P13）

①うれしい　②かなしい　③こわい　④たのしい　⑤うれしい　⑥かなしい　⑦たのしい　⑧こわい　⑨うれしい　⑩こわい（さびしい）⑪たのしい　⑫かなしい　⑬くるしい　⑭びっくり　⑮おもしろい　⑯ざんねんだ　⑰おもしろい　⑱びっくり　⑲ざんねんだ　⑳くるしい　㉑おもしろい　㉒びっくり　㉓くるしい　㉔ざんねんだ

基本4 すき・きらい（P19）

省略

2 中級編

中級1 こんなときの気持ち（P20）

①つまらない　②うらやましい　③心配だ　④だらしない　⑤心配だ　⑥うらやましい　⑦つまらない　⑧だらしない　⑨心配だ　⑩うらやましい

①むずかしい　②いじわるだ　③やさしい　④不安だ　⑤むずかしい　⑥やさしい　⑦いじわるだ　⑧やさしい　⑨不安だ　⑩むずかしい

①もったいない　②こまる　③安心だ　④もったいない　⑤くやしい　⑥こまる　⑦安心だ　⑧くやしい　⑨もったいない　⑩こまる

①たのしい　②かなしい　③うれしい　④こわい　⑤くるしい　⑥たのしい　⑦心配だ　⑧かなしい　⑨うらやましい　⑩ざんねんだ　⑪おもしろい　⑫不安だ　⑬はずかしい　⑭おもしろい　⑮不安だ　⑯ざんねんだ　⑰くやしい　⑱ねむい　⑲いやだ　⑳もったいない　㉑びっくりした　㉒こまった　㉓もったいない　㉔こまる　㉕きれいだ　㉖だらしない　㉗むずかしい　㉘きれいだ　㉙安心だ　㉚やさしい

中級2 絵を見てセリフや気持ちを考える

P27　①「つとむくん、ハンカチをおとしたよ」②たろう「どうぞ」、つとむ「ありがとう」、（つとむくんの気持ち）…うれしい、（たろうくんの気持ち）…拾ってあげられてよかった

P28　①おじいさん、すわれなくてこまっているかな　②はるこ「どうぞ、ここにすわってください」、おじいさん「ありがとう」（おじいさんの気持ち）…親切だなあ

P29　①「はあ、つかれたなあ」②あやこさん「お父さん、かたたたきしてあげるね」、お父さん「ありがとう、たのむよ」（お父さんの気持ち）…うれしい、（あやこさんの気持ち）

…喜んでもらえてうれしい

P30 　①「おもしろそうだね」　②じろう「かして」、さとる「いいよ」（じろうくんの気持ち）…ぼくもゲームしたいな、（さとるくんの気持ち）…じろうくんがやりたそうだから、かしてあげよう

P31 　①「おもしろそうだね」　②じろう「かして」、さとる「いやだよ」（じろうくんの気持ち）…かしてくれないなんていじわるだな、（さとるくんの気持ち）…ぼくがあそびたいからかしたくないな

P32 　①「やったー」　②みなみ「海に行きたかったな」、お母さん「雨だからしょうがないわよ」（みなみさんの気持ち）…ざんねんだ、（お母さんの気持ち）…たのしみにしていたからかわいそう

P33 　①「やったー」　②みなみ「海であそんでくるね」、お母さん「気をつけてね」（みなみさんの気持ち）…うれしい、（お母さんの気持ち）…たのしんでくれてよかった

P34 　①先生「入賞おめでとう」、とおる「ありがとうございます」（とおるくんの気持ち）…うれしい　②「すごいね」（クラスメイトの気持ち…すごいなあ

P35 　①「わー、あぶない」　②そうた「ぶつかってごめんね」、かなと「いいよ、気にしないで」（そうたくんの気持ち）…ぶつかってごめんね、（かなとくんの気持ち）…気にしなくて大丈夫だよ

P36 　①あかり「たかしくん、あそびに行こう」、たかし「うん、今行くよ」（たかしくんの気持ち）…たのしみだ　②たかしくん「宿題わすれてたよ」、お母さん「かえってきたらすぐにやらなきゃだめでしょ」（たかしくんの気持ち）…こまった、（お母さんの気持ち）…あきれた

中級3　絵を見て状況と気持ちを読み取る

P37 　①かおりさんといくみさんはたのしそうにかさをふりながら歩いています　②いくみさんのかさが男の人にぶつかってしまった（よこを通ったの人の気持ち）あぶない　③かさはふりまわさないで、下に向けて持ち歩く

P38 　①トイレに行きたくなってきた　②勝手にトイレに行った、えりこさんが何も言わずにトイレへ行ってしまったから　③先生にトイレに行きたいことを伝えてからトイレに行く

P39 　①鼻がむずむずしている　②指を鼻にいれてほじった、（まわりの人の気持ち）不潔だ　③ティッシュで鼻をかむ、ティッシュがないときはがまんする

P40 　①さおりさんとあやさんがおしゃべりをしていて、そこによしこさんがやってきた　②急に自分の話したいことを一気に話し始めた、（さおりさんとあやさんの気持ち）おどろいている　③自分の話ばかりせず相手の話も聞く

P41 　①ドアが開くところの真ん中に立って待っている　②通れないのでこまる　③うしろの人が乗りやすいように電車の奥に進んだほうがよかった

P42 　①けいたくん、そろそろ来るかな　②あやまることもなく、自分の話ばかりしている　③たくさん待たされておこっている　④おくれることがわかったら事前に連絡する・ついたらくみさんにあやまる

P43 　①運動会のリレーで先頭を走っていたしんいちくんが転んでしまった　②しんいちくんをなぐさめたい、ころんでしまったのはしょうがない　③自分が転んだせいで負けてしまってくやしい

P44 　①わからない問題があってこまっている　②たけしくんがこまっていることに気づいて声をかけた、（とおるくんの気持ち）たけしくんを助けてあげよう　③教えてくれてありがとう

P45　①テストでわからない問題があった　②まいこさんに話しかけた、（まいこさんの気持ち）テスト中だからやめてほしい　③テスト中は話してはいけないので、わからない問題はとばす・あとで考える

中級4　他の人の行動と自分の気持ち（P46）

①うれしい　②かなしい　③かわいそう　④びっくりする　⑤すごい　⑥かなしい　⑦うらやましい　⑧ほこらしい　⑨はずかしい　⑩心配だ　⑪こまる　⑫くやしい

中級5　自分の行動と他の人の気持ち（P48）

①うれしい・助かる　②だらしない・おこる　③おこる・あきれる　④びっくりした　⑤おこる・しつれいだ　⑥うれしい　⑦ありがとう・助かる　⑧心配だ　⑨おこる・心配だ　⑩うれしい・ほこらしい

中級6　自分と他の人の気持ちの違い（P50）

①（ぼく）…くやしい、（友だち）…うれしい　②（ぼく）…くやしい、（相手チーム）…うれしい　③（ぼく）…かわいそう、（友だち）…かなしい　④（ぼく）…うれしい、（友だち）…うれしい　⑤（ぼく）…いやだな、（お母さん）…食べてほしい　⑥（ぼく）…あそびたい、（友だち）…いやだ　⑦（ぼく）…たのしい、（お店の人・お客さん）…めいわくだ　⑧（ぼく）…お母さんを助けてあげたい、（お母さん）…うれしい　⑨（ぼく）…うれしい、（お父さん）…喜んでくれてうれしい　⑩（ぼく）…不安だ、お母さん…心配だ　⑪（ぼく）…おもしろい、（友だち）…はずかしい　⑫（ぼく）…おどろかせたい、（友だち）…びっくりした　⑬（ぼく）…ざんねんだ、（友だち）…あそびたかった　⑭（ぼく）…どうしようこまった、（友だち）…かなしい、⑮（ぼく）…ゲームを見たい、（となりの人）…いやだ　⑯（ぼく）…たのしい、（お父さんやお母さん）…つまらない　⑰（ぼく）…トイレに行きたい、（先生）…勝手に行かれてはこまる　⑱（ぼく）…もっと読みたかった、（お母さん）…早くねてほしい　⑲（ぼく）…たのしい、（まわりの人）…めいわくだ　⑳（ぼく）…たのしい、（友だち）…めいわくだ　㉑（ぼく）…おもしろい、（友だち）…いやだ　㉒（ぼく）…チョコが食べたかった、（友だち）…しつれいだ　㉓（ぼく）…ゲームの話をしたい、（お父さん）…勉強の話をまじめに聞いてほしい　㉔（ぼく）…うれしい、（相手）…やめてほしい

中級7　気持ちと行動の区別（P56）

①おなかがすいた、昼ごはんを食べる　②おなかがすいた、できあがるまで待つ、手伝う　③ブランコがすいていてうれしい、ブランコにのる　④すぐにのれなくてざんねんだ、並んで待つ　⑤高い山だから緊張する、頑張って登る　⑥うらやましい、終わらせてからゲームをする　⑦友だちと学校に行きたい、先に行ってもらう　⑧ざんねんだ、あきらめて家にいる、中止になったのであきらめる　⑨早く家に帰りたい、間に合わなくてもしょうがない　⑩電話に出たい、おりてからお母さんに電話をかけ直す　⑪友だちとゲームであそびたい、家に帰ってからあそびに行く　⑫おなかがすいた、目的地に着いてからお弁当を食べる　⑬おかしをもらってうれしい、友だちにお礼を言う　⑭まだあそびたい、もう少しあそんでからかしてあげるねと伝える　⑮まだ本を読みたい、本を片付けて帰る　⑯はやくゲームがしたい、歯みがきを先にする　⑰だれがきたのか気になる、インターホンには出ない　⑱学校におくれそうで心配だ、電車がおくれるのはしょうがないので電車を降りたら急いで学校に向かう　⑲早く起きるのはつらい、がんばって早く起きる　⑳予防接種を受けたくない、がまんして病院に行く　㉑いちごケーキを食べたい、お母さんが帰ってくるまで待つ　㉒むずかしい、とばして次の問題を解く　㉓エレベーターに乗りたい、次のエレベーターが来るまで待つ　㉔本がほ

しい、今日はがまんする　㉕妹は荷物を持ってえらい、お母さんがまだ２つ持っているのでぼくも持つ　㉖スマホでゲームをしたい、電話が終わるまで待つ　㉗わからない問題を教えてほしい、お父さんの仕事が終わってから教えてもらう　㉘テレビを見たい、消してお母さんの手伝いをする　㉙９時からテレビを見たい、録画をして明日見る　㉚苦手だからやりたくない、がんばってやる　㉛友だちを助けてあげたい、お金の貸し借りはしてはいけないからかさない　㉜ぼくが答えたかった、他の人にゆずる

中級8　三者の気持ち（P64）

①（ぼく）…お客さんが来てうれしい、（お客さん）…びっくりする、（お母さん）…はずかしい　②（ぼく）…お客さんが来てうれしい、（お客さん）…えらいなあ、（お母さん）…うれしい　③（ぼく）…すわりたかった、（お父さん）…はずかしい、（他のお客さん）…めいわくだ　④（ぼく）…たのしい、（じろうくん）…めいわくをかけたくない、（他のお客さん）…静かにしてくれてよかった　⑤（ぼく）…ぼくにもかしてほしい、（たろうくん）…みんなにかしていたら自分が使えなくなってしまう、（じろうくん）…かしてもらってうれしいけれど、他の子が使えないのはかわいそう　⑥（ぼく）…たろうくんはやさしいけれど、じろうくんはケチだ、（たろうくん）…かしてあげたい、（じろうくん）…ぼくのだからかしたくない　⑦（わたし）…プレゼントをもらってうれしい・さおりさんはあやまってくれたからおこるのはやめよう、（かおりさん）…プレゼントをわたせてよかった、（さおりさん）…プレゼントをわすれてしまってごめんね　⑧（ぼく）…お兄ちゃんが持ったからぼくも手伝おう、（お母さん）…２人が手伝ってくれて助かる、（お兄ちゃん）…弟も荷物を持ってえらい

発展編

発展1　気持ちと行動（P68）

①公園であそぶ・友だちとおしゃべりをする・友だちとサッカーをする　②お化け屋敷に入る・暗い道を歩く・ジェットコースターにのる　③プレゼントをもらう・テストで100点をとる・お母さんにほめられる　④ペットの犬がいなくなる・友だちが引っ越して会えなくなる・おもちゃがこわれる　⑤急にかたをたたかれる・びっくり箱をあける・とつぜん大きな音がなる　⑥ごはんを残す・まだ使えるえんぴつをすてる・給食のおかずが残っている　⑦友だちがゲームを買ってもらった・妹ばかりおかしをもらっている・友だちがくじ引きで当たった　⑧リレーで負けた・じゃんけんで負けた・テストが50点だった

発展2　家族やまわりの人の気持ち（P70）

省略

発展3　相手にかけることば（P72）

①「たんじょうびおめでとう」、うれしい　②「１位おめでとう」、うれしい　③「残念だったね」、くやしい　④「手伝おうか」、うれしい　⑤「夕ごはん、おいしかったよ」、うれしい　⑥「がんばって」、がんばろう　⑦「大丈夫？」、いたい　⑧「おかえりなさい」、うれしい

発展4　気持ちのことばの言いかえ（P73）

①くやしい　②うらやましい　③かなしい　④しずかにしてほしい　⑤ざんねんだ　⑥くやしい　⑦たいへんだ　⑧苦手だ

発展5　はずかしい（P74）

①下着のすそが出ている・くつ下に穴があいている・Ｙシャツがしわしわだ　②鼻をほじっている・体をかいている・ズボンのポケットに手を入れている　③くやしい、かわいそう、「がんばったね」と声をかける　④こっそり教

えてあげる

発展6　周りからの見え方（P75）

①しずかにしてほしい　②きたない　③だらしない　④聞こえなくてこまる　⑤みっともない　⑥しつこくてこまる　⑦少しはなれてほしい　⑧失礼だ　⑨こわい　⑩信じられない

発展7　こまったときの気持ちと対処法（P76）

①こまる、取りに帰ることはできないので友だちか先生にかしてもらう　②おなかがいたくてつらい、先生に言ってトイレに行かせてもらう　③こまる、家族に教えてもらう　④こまる、近所の友だちにプリントを見せてもらう　⑤どうしよう・不安だ、店員さんに伝える　⑥ざんねんだ、図書館の人に相談する　⑦ぼうしをひろいたい、駅員さんに伝える　⑧ざんねんだ、友だちに今日はあそべなくなったことを伝える

発展8　怒り・イライラのコントロール（P78）

省略

（子ども自身が気づいていないことも多くありますので、子どもの日々の様子をよく観察したうえで、一緒にこの問題に取り組みましょう）

 ４　総合問題

総合問題1　スーパーでの買い物（P80）

①わたるくんとりょうじくんは、それぞれお母さんと一緒にスーパーで買い物をしています。②りょうじくんのお母さん　③おかしをこんなにたくさん買いたくないから・買うつもりのないものを持ってこられるとこまるから　④おかしをたくさん買いたい　⑤お母さんに相談してから取りに行く　⑥勝手に商品を取ってこない・予算に合わせて買う・相談してから買う

総合問題2　電車（P82）

①たくさんの人が乗って混雑している、つえをついたおばあさんがこまっている、男の人のリュックがあたって女の子がこまっている　②（つえをついたおばあさん）…すわりたいけれど混んでいるのですわれない、（右はじの女の子）…男の人のリュックが当たっていやだ　③おばあさんがこまっていたからたすけてあげたい　④「ここにすわって下さい」と声をかける　⑤体の前に持つ、けがをしている人がいたら席をゆずる、降りる人が近くにいるときは道をあけてあげる

総合問題3　公園（P84）

①たのしい、早くブランコに乗りたい　②〇、〇、×　③待っている子に代わってあげる　④ブランコに乗れなくてつまらない　⑤遊具はみんなで順番に使う・なかまはずれにしない・まわりをよく見てあそぶ

総合問題4　外食（P86）

①B　②大きな声で話をしている　③たのしい　④もう少し静かにしてほしい・なんてマナーのない人たちだ　⑤他の人のめいわくになるのでしずかにしてほしい　⑥大きな声で話さない・テーブルの上をよごさない・食事をのこさず食べる

総合問題5　ピアノ演奏（P88）

①はるみさんがみんなの前でピアノを演奏している　②上手だね・すごい・もっとひいて　③うれしい・ほこらしい　④うれしい

総合問題6　友達とゲーム（P90）

①友だちみんなでゲームをしてあそんでいる。あきらくんとみちこさんが勝負してあきらくんが勝った　②（あきらくん）…うれしい、（みちこさん）…くやしい　③たのしい　④「まあまあ、仕方ないよ」　⑤ゲームを投げつける・おこって帰る・「ずるをしたよね」と言う、に×

総合問題7　運動会（P92）

①くやしい　②うれしい　③×、〇、×、×、〇、〇　④かなしい　⑤負けたことをその子のせいにしない・おそかったことに対して文句を言わない、など

総合問題8　感謝の気持ちを表現する（P93）

①省略　②（例）…いつも食事を作ってくれてありがとう・いつも勉強を教えてくれてありがとう・たんじょう日にゲームを買ってくれてありがとうなど

総合問題9　「わざとではない」（P94）

①わざとではない　②かなしい　③あつしくん　④悪い　⑤だめです　⑥わざとではない、ぼく、ごめんなさい、あやまります

総合問題10　公共の場での撮影（P95）

①電車のなかで写真を撮ること　②自分のことを撮っていると思ったから・電車のなかで写真を撮ることはマナーが悪いから　③うるさいな　④〇、×、〇、〇　⑤ごめんなさいとあやまって、写真を撮るのをやめる

コロロの療育方針と相談先

1．脳の機能を高める療育

　脳の大脳新皮質の「前頭前野」が働いているときは、周りの状況に合わせて落ち着いて過ごし、よく考えて目的とする行動をとることができます。しかし、脳がバランスよく機能していないと、大脳辺縁系や脳幹で起こる反射的な行動が多くなります（右図参照）。

　コロロの療育では、子どもたちの日常的な行動観察から脳のどの部分が機能しているのか、十分に機能していない部分はどこかを分析し、前頭前野が働いている状態（＝意識レベルが高い状態）を保つことができる療育を心がけています。子どもたちの発達を促す実践に基づいてワークブックや教材セット、実践プログラムが開発されています。

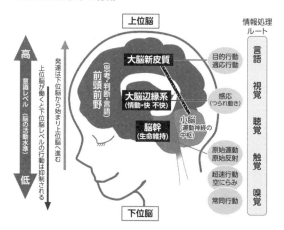

■脳の活動水準と行動

2．社会適応力を高める

　コロロの療育の三本柱は、「概念学習」「行動トレーニング・歩行」「適応力を育てるトレーニング」です。この3つの学習・トレーニングを個々の子どもたちの発達に応じて療育に取り入れています。3つの力をバランスよく発達させることで、子どもたちの社会適応力を高めることを目標にしています。

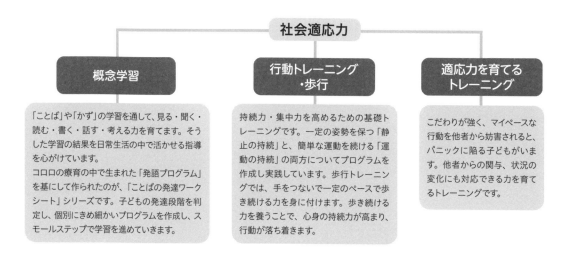

社会適応力

概念学習

「ことば」や「かず」の学習を通して、見る・聞く・読む・書く・話す・考える力を育てます。そうした学習の結果を日常生活の中で活かせる指導を心がけています。
コロロの療育の中で生まれた「発語プログラム」を基にして作られたのが、「ことばの発達ワークシート」シリーズです。子どもの発達段階を判定し、個別にきめ細かいプログラムを作成し、スモールステップで学習を進めていきます。

行動トレーニング・歩行

持続力・集中力を高めるための基礎トレーニングです。一定の姿勢を保つ「静止の持続」と、簡単な運動を続ける「運動の持続」の両方についてプログラムを作成し実践しています。歩行トレーニングでは、手をつないで一定のペースで歩き続ける力を身に付けます。歩き続ける力を養うことで、心身の持続力が高まり、行動が落ち着きます。

適応力を育てるトレーニング

こだわりが強く、マイペースな行動を他者から妨害されると、パニックに陥る子どもがいます。他者からの関与、状況の変化にも対応できる力を育てるトレーニングです。

3．療育の主体者は親

　コロロでは、「療育の主体者は親である」という理念のもとに〈在宅支援プログラム〉を作成し、家庭療育の態勢を整えるサポートをしています。年齢とともに、子どもを取り巻く環境は移り変わっていきます。親が療育の主体者となり、家庭療育の基盤ができていることが、将来の社会適応を進める上でとても重要なことです。

　コロロの療育は、子どもの社会適応力を高めることによって、将来の進学、就職、自立生活を目標にして、概念学習・行動トレーニング・適応力を育てるトレーニングの3つのプログラムを中心に、家庭での療育方法を提案し、問題行動の対応などについてもサポートします。また、MT（mother teacher）・FT（father teacher）講座や保護者向けの講演会を定期的に開催し、家庭での療育を充実させるための療育理論や実践方法をお伝えしています。

集団指導で
適応力が育つ

〈コロロメソッド〉で療育をはじめてみませんか？

幼児教室
2歳〜6歳

一日を通したプログラムで、からだ・ことば・こころを育てる療育幼稚園です。

学童教室
（小学生〜）

放課後2時間のプログラムの中で、個々の子どもたちの発達段階に応じた学習指導や行動面のトレーニングを行います。

フリースクール
（小学生〜）

集団活動の中で社会生活のスキルを身に付けます。

放課後等デイサービス
（小学生〜）

受給者証で利用できる福祉サービスです。集団での作業や歩行、行動トレーニングを通じて適応力を高めます。

①まず、お子様といっしょに近くの教室の〈発達相談〉にお越しください（初回無料）

- ●お電話かメールでご連絡➡相談日のご予約をしてください
- ●〈発達相談〉では➡育児の悩み、ことばの指導法、問題行動への対応法などをアドバイスします
- ●コロロの療育方針、施設について具体的にご説明します

②入会申込書をご提出ください ➡ ③通室スタート！

●発達相談のお申込み先

教室	電話	住所	サービス
杉並教室	TEL 03-3399-0510	〒167-0042 東京都杉並区西荻北3-33-9	幼児 学童 フリースクール 放デイ
横浜教室	TEL 045-910-1106	〒225-0013 神奈川県横浜市青葉区荏田町232-7	幼児 学童 フリースクール 放デイ
神戸教室	TEL 078-386-4100	〒650-0012 兵庫県神戸市中央区北長狭通4-7-13 サンハイツ元町202	幼児 学童 フリースクール
松山教室	TEL 089-961-1184	〒790-0952 愛媛県松山市朝生田町1-10-3	幼児 児発 放デイ 生活介護
熊本教室	TEL 096-206-9670	〒862-0903 熊本県熊本市東区若葉3-15-16 1階	幼児 学童 フリースクール 放デイ 生活介護
社会福祉法人コロロ学舎の放課後等デイサービス事業所 **五乃神スウィング**	TEL 042-568-0966	〒205-0011 東京都羽村市五ノ神345	
ET教室	TEL 042-324-8355	〒185-0002 東京都国分寺市東戸倉2-10-34	
社会福祉法人コロロ学舎加古川の放課後等デイサービス事業所 **コロロ風音**	TEL 078-386-4100	〒650-0012 兵庫県神戸市中央区北長狭通4-7-13 サンハイツ元町1階	
コロロメソッドを実践する療育機関 **コロロメソッド発達療育支援センター**	TEL 098-887-1503	〒902-0061 沖縄県那覇市古島2-4-11	

●編者紹介 ----------------------------------

コロロ発達療育センター

　1983年創立。自閉スペクトラム症、広汎性発達障がいなどの診断を受けた子どもや、集団に適応できないなどの問題を抱える子どものための指導方法を研究・実践する療育機関で、現在各地の教室で多くの子どもが療育を受けています。

　コミュニケーションがとりづらい、問題行動やこだわり・パニックが頻発して家庭療育がままならないなど、さまざまな問題に対し、独自の療育システム（コロロメソッド）による具体的な対応法・療育方法を提示し、家庭療育プログラムを組みます。幼稚園や学校に通いながら、ほかの療法とも併せてプログラムを実践することができます。

　コロロメソッドがよくわかる出版物を多数刊行しています。詳細はHPをご覧ください。

　ホームページ：https://kololo.jp

〈監修者〉
久保田小枝子（社会福祉法人コロロ学舎理事）

〈執筆者〉
羽生　裕子（社会福祉法人コロロ学舎）
神村　真希（社会福祉法人コロロ学舎）
芝嵜久美子（株式会社コロロ発達療育センター）
江國　智枝（株式会社コロロ発達療育センター）
伊東　佳子（株式会社コロロ発達療育センター）
名倉　美紀（株式会社コロロ発達療育センター）

表紙デザイン──後藤葉子（森デザイン室）
表紙イラスト──早川容子
本文イラスト──磯村仁穂
編集協力──塚越小枝子
組版──合同出版制作室

コロロメソッドで学ぶ
ことばの発達ワークシート❸
気持ちのことばと行動 編

2024年7月25日　第1刷発行

編　　　者　コロロ発達療育センター
発　行　者　坂上美樹
発　行　所　合同出版株式会社
　　　　　　東京都小金井市関野町1-6-10
　　　　　　郵便番号　184-0001
　　　　　　電話　042-401-2930
　　　　　　振替　00180-9-65422
　　　　　　ホームページ　https://www.godo-shuppan.co.jp/
印刷・製本　株式会社シナノ

■刊行図書リストを無料進呈いたします。
■落丁乱丁の際はお取り換えいたします。
本書を無断で複写・転訳載することは、法律で認められている場合を除き、著作権及び出版社の権利の侵害になりますので、その場合にはあらかじめ小社宛てに許諾を求めてください。
ISBN978-4-7726-1487-0　NDC370　182×257
© コロロ発達療育センター , 2024